Pot with the Hole
穴のあいた桶

Prem Rawat
プレム・ラワット

文屋
bun ya

昔、ひとりの庭師がいました。
彼は、山の上に住んでいました。
毎日、谷の下の川まで降りて
天秤棒(てんびんぼう)の両端に水を満たした大きな桶(おけ)をかけ
それを担いでまた庭がある山の上まで登っていきました。
とても大変な仕事でしたが
彼は庭の世話が大好きで、楽しんでいました。
ある日、庭師はいつものように、水をもって山を登っていると
足を滑らせ、ひとつの桶に小さな穴ができてしまいました。

それから数カ月後のある晴れた日のこと。
庭師が山のふもとで休憩していると
水が満杯に入った桶が
穴のあいた桶に向かってこう言いました。
「お前はまったく役に立たないね」

「役に立たないって、どういう意味だ？」
「お前には穴があいている。毎日親方が一生懸命に我々を運んでも、
お前のほうの水はこぼれてしまい
結局は半分しか運べていない。何の役にも立っていないよ」
役に立っていないと言われ
穴のあいた桶はとても悲しくなりました。

次の日、穴のあいた桶は庭師にこう言いました。
「私はとても悲しいです」
「なぜ悲しいのだ？」
「私には穴があいています。
あなたは私に水を満たして運びますが
上に着くころには半分なくなっています」
そう聞いて、庭師は言いました。
「それは本当だ。お前には穴があいている。

でも、それがどういうことかわかるか?」
「自分に穴があいていることしかわかりません。
穴があいていてはダメです。
穴がなければ、私も水を一滴も漏らさず上まで運べます」
と桶は答えました。
すると庭師は
「お前は、私たちが通る道を見たことがあるか?
たくさんの美しい花が咲いているだろう。
あれは、お前のおかげなんだよ。
お前に穴を見つけたとき、私は道に花の種をまいた。
お前に穴があいているおかげで
私が水を運び上げるたびに、花の苗に水をやることができる。
今では、きれいな花が咲き、ミツバチが蜜を求めてやってくる。
一帯が見事な花園になっているんだよ」
桶はそう聞いて、とてもうれしい気持ちになりました。

親愛なる世界中の穴のあいた桶たちへ

Yourself

あなたは、あなたのことを知っていますか？
少し不思議な質問でしょうか？
あなたの物語は、あなたの内なる声に
耳をかたむけることから始まります。

01

人生という物語を、おもしろいものにしたいですか？
冒険の物語にしたいという人がいるかもしれません。
大きな冒険がしたいから
「よし！ エベレストに登ろう」と考える人もいるでしょう。
でも、人生最大の冒険をしたいなら
まずは内なる自分と手をつなぐことです。
あなたの物語をおもしろくする鍵は
あなたが、あなた自身といつもいっしょにいるということです。
あなたの一番近くにいるのはあなたであり
あなたがよく知らないのもあなたです。
内なる自分が何を思い、何を求めているのか
しっかりと感じ、つながって
あなたの手による、あなたの物語を書いてください。

02

あなたはいろんな人と知り合いだけど

あなた自身のことを

知っているでしょうか？

03

痛みの原因

患者：先生、痛いんです。
医者：どこが痛いの？
患者：どこを触っても痛いんです。
額を触っても、頬を触っても。
足を触っても、お腹を触っても、耳を触っても痛い。

医者：そうか。君はね、指をけがしているんだと思うよ。

　苦しみを感じるのは、自分のことをよく知らないからです。多くの人が、自分とは何者かを知りません。

04

あなたはこれまで、あなた自身とつきあってきましたか？
自分のことを知ろう、愛そうとしてきたでしょうか。
私は、どのように見られているのか？
職場の同僚、近所の人、世間の人は
私をどんな人間だと思っているのだろう？
ついついそんなふうに世の中のものさしによって
自分を測ってしまうことがあります。
そして、このものさしのなかで自分はどの位置にいるのだろう
成功したのだろうか、していないのだろうかと
考えてしまうのです。

それよりもあなた自身はどうですか？
心地よさを感じていますか？
自分を測ることに時間を費やさないで
心のなかの内なる声に耳をかたむけてください。
あなたにとって、あなた自身は一生の友であり
どんなときもそばにいる心強い味方なのです。

05

ヤシの実

ヤシの実は旅が得意です。
どんなに遠く離れた無人島にも
すくっとまっすぐに立つヤシの木を目にします。
どんなところにもヤシの木があるのは
ヤシの実がどんなに厳しい環境であっても
見事な旅をするからです。
彼らは、旅を成功させるために必要なものを
生まれたときからすべてもっています。
もちろん、地図やGPSがあるわけでも
エンジンがあるわけでもありません。
でも、必要なものは備えているのです。

たとえば彼らのなかにある"水"。
海のなかに浮いている間
淡水がないと生き延びることはできません。

また、新しい岸にたどり着き、根を張るときも
水がないと成長できません。
それを彼らは自分自身のなかにもっています。
また、彼らには"厚い殻"があります。
その厚い殻で、鎧のように実を守り
浮くことで、水中から少しだけ顔を出すことができます。
そしてそれが帆となり、風を受けて進むことができるのです。

どこにたどり着くかわからないけれど
彼らは勇気をもって旅立ちます。
木から落ち、浜に転がったヤシの実は
波に打たれ、最初はなかなか岸から沖に出ることができません。
何度も、何度も試み、ようやく海流に乗って
遠い、遠い、まだ見ぬ土地に向けて出発します。
海はとても深く、とても広いのですが
この小さなヤシの実は、波をまったく怖がりません。
人間は、巨大な船をつくり
大きな嵐がやってくると、安全のために湾に逃げ
嵐が通りすぎるのを待ちますが

ヤシの実には逃げる必要などありません。
一つひとつの波に、挑んでは、ころころと転がり
ひと波、ひと波、旅を進めていきます。
そして、たったひとりで静かに新しい砂浜に到着するのです。

広い海の真っただなか。
新しい島が生まれると
どこからともなくヤシの実がたどり着きます。
チャンスを見逃さず。
自分の居場所を見つけて。

　私たちが恐れるものは何ですか？　私たちもまた、旅に必要なものをすでにもっているのではないでしょうか？
　勇気をもって波に飛び込んだとき、あなたもまた、自分だけの島を見つけることができるかもしれません。

Choice

自ら選択し、身につけ

行動に移すこと。

そうして自分の感覚を磨き、育てることは

やがて生きる上での軸となります。

06

何かを信じるという行為は、列に並ぶのと似ています。
いつになってもカウンターにたどり着かない
列に並ぶようなものです。
大勢の人がその列に並び、何か素晴らしいことが起きるのを
素晴らしい人が現れるのを待っています。
でも、あなたの問題を解決するのに
もっともふさわしい人はあなたです。
あなたにはその問題を解決する力があります。
自分の思いに従って選択し、動くことができれば
確信のもてない何かを
信じて待つ必要はなくなります。

07

私たちは、毎日何かを選び続けて生きていかなくてはなりません。
あなたがどんな状況にいようと
どれだけ絶望して弱っていようと
選ばなくてはいけません。
それは、ときには残酷なことでもあります。
しかし、私たちの心のなかには強い力が備わっています。
どんな映画のヒーローもかなわないほどの強い力です。
でも、あなたはそれを知らない。
だからヒーローを探してしまう。

外に探しにいく必要はありません。
あなた自身が強い力をもっています。
その強さに気づいてください。

過酷な環境や境遇によって
気力も体力もなくなった人たちのなかに
その強さが輝くのを見てきました。
どんな人も一度その強さが表れれば、燦然(さんぜん)と輝きます。
それと同じ力が、あなたのなかにも必ずあります。
あなたの素直な思い、あなたの強さ
本当のあなたを知ってください。
そして、自分自身で選択し、動き始めてください。

2匹のアリ

ある日、2匹のアリが出会いました。
1匹は砂糖の丘に住み、もう1匹は塩の丘に住んでいました。
「おや、見かけない顔だな。どこから来たんだ?」
「砂糖の丘さ」
「砂糖の丘だって? 砂糖って何だい?」
「この世で一番おいしいものさ。考えただけで、よだれが出そうだ。
本当に知らないのか?」
「ここにあるのは塩だけさ。しょっぱいんだ。
食べることもできるけど、のどが渇いてくる。
君の言った砂糖ってとてもおいしそうだね」
「じゃあ、うちに来ないか? 砂糖をごちそうしてあげるよ」
「うん、それはいい。ぜひ行きたい」
2匹のアリは日を決めて、砂糖の丘で会うことにしました。

その日が近づくにつれ
塩の丘のアリはこんなことを考え始めました。
「もし、砂糖が嫌いだったらどうしよう？
変な味だったらどうしよう？ そうしたら、お腹がすいてしまうな。
そうならないように、塩の塊を口に入れて出かけよう」

「やあ、久しぶり。元気かい？」
「元気だよ。今日は砂糖をごちそうしよう。
きっとおいしいよ。ほら食べてごらん」
「うーーん。これは、塩と同じ味だ」
「本当かい？」
「うん、塩と同じだよ。
君はこれを砂糖と呼ぶかもしれないけど
うちじゃ塩と呼んでいる」
「そんなはずはないよ、おかしいな。
ちょっと待って、口を開けてごらん」
「ほぉら、思った通りだ。

口のなかにこんなに大きな塩の塊が入っているじゃないか。
それを口から出して、もう一度食べてごらん」
モグモグモグ……。
「信じられない！ なんておいしいんだ‼
ぼくもずっとこの砂糖の丘にいることにするよ」

　この物語は、新しいものを受け入れたいときには、古いものを手放さなくてはならないことを教えてくれます。今いる階段から足を離さないと、次の階段を上ることができないように、何かを成し遂げるには、一つひとつ歩みを進める力が必要です。

　また、私たちの一番の敵は、私たち自身であることを思い出させてくれます。多くの人は、現実をあるがままに受け入れるのが苦手で、本当に起きていることが見えなくなってしまいます。ときに、「私に選択肢があるのですか？」と尋ねる人がいます。「星

の巡り合わせで運命は決まっているのではないですか？」とか「すでにトランプのカードが配られ、自分では動かせないのでしょう？」と言う人がいます。

　答えはノーです。
　もし悪いカードばかり回ってくると思ったなら、そのカードを配ったのは、あなたの頭がもたらす混乱です。「こうなのではないか」「こうあるべきだ」と考えてしまう"壁"を取り払い、あるがままを受け入れることで、私たちは、ようやく新しい選択肢を得ることができるのです。

09

自分自身で選択し、身につけたことは
ランプを灯すことと似ています。
ランプの光は、どんなに小さな光でも
暗闇では見ることができなかった世界を見せてくれます。
それがランプの光がもつ力であり
自分自身で選択し、身につけることで得た力です。
その力は、闇を突き抜け、はるか遠くまで光を届けてくれます。

10

世界には数多くの問題があります。

しかし、よろこびもまた、たくさんあります。

確かに雲は厚いけれど

その上は、美しく澄み切った青空です。

太陽が輝いています。

あなたはどこにいたいですか？

選ぶのはあなたです。

あなたは、あなたが望むところにいることができます。

11

2羽のオウム

オウムを育てるのが大好きな人がいました。
ある日、彼はとても特別なオウムを育てようと思いました。
そこで、オウムの卵を2個買ってきました。
やがて卵からヒナがかえりました。
彼はそのヒナたちを育て始め
自分が知っているすべてのことを教えました。
ニュートンの法則や数学の公式、音楽も教えました。
オウムたちが大人になるころには
とても複雑な公式も暗記していました。
文学作品をそらんじたり、ベートーベンのシンフォニーを完璧に歌うこともできました。

ある日、不幸なことにオウムの飼い主が亡くなり
2羽のオウムだけが取り残されました。
飼い主の親戚がかごのなかのオウムを見て
外に逃がしてやろうということになりました。
親戚たちはオウムを窓のそばの木に乗せました。
かごの外へ出たオウムたち。
彼らにとって、初めての外の世界でした。

木の上のほうには、もう1羽赤いオウムがとまっていました。
オウムたちはこんな会話を始めました。
「ぼくらは何でも知っているよ。
文学も、音楽も、科学に出てくるいろんな公式も」
それを聞いて、赤いオウムはたいそう感心しました。
でもそのとき、猫が近づいていることに
赤いオウムは気づいたのです。

猫もオウムたちに気づき、木をよじ登り始めました。
赤いオウムは、2羽のオウムに
「飛び方を知っているか」と尋ねました。
そう聞かれた2羽のオウムは
「もちろん知っているよ。飛ぶことなら何でも知っている。
羽の下の気圧が上の気圧より高くなって飛ぶことができるんだ」

「ぼくが言っているのは理論ではない。
本当に飛べるのかと聞いているんだ」
「いいや。でもぼくたちは、いろんなことを知っている。
難しい公式も、シンフォニーも。
本当の飛び方は知らないけれど、それがどうしたと言うんだ」

その間にも、猫がどんどん近づいてきたので
赤いオウムは羽をはばたかせ

「元気でな。君たちの知らないこと。
それを君たちは知るべきだったんだ。
それを知らないかぎり、ほかのことをいくら知っていても
何の役にも立たないよ」
そう言って飛び立っていきました。

　「ペダルをこいで、こいで、前を見てバランスを取るんだ」。自転車に初めて乗ったとき、そう言って乗り方を教えられても、実際に乗ることは難しかったでしょう。言われた通りに乗ろうとはするけれど、転ぶばかり。でもある日、コツをつかむときがきます。バランスの取り方がわかるようになり、いつしか、どこまでも走ることができるようになります。一度そうなると、乗れなかったことを不思議に思うくらいです。

オウムの物語や、自転車の例からわかるのは、言葉や情報を頭に入れただけでは、ほとんどのことは役に立たないということです。現代は情報化社会と呼ばれ、たくさん情報があふれているし、人類史上、もっとも多くの人間が大学を卒業しています。それなのに世の中の多くの問題は解決されず、それどころかますます複雑になっています。言葉や情報はときに有益ですが、心と体を忘れてはいけません。自らの心と体を通して感じ、体験することで、ようやくその感覚があなたのなかに刻み込まれ、活かすことができるのです。

12

成長とは、たとえばこういうものです。
船の底に乗っているときは、海の景色は見えません。
ひとつ上の階に行くと、少し見えるようになります。
もうひとつ上に行けば、もっと見えるようになります。
そしてデッキに上がり、ついには見張り台に達します。
そこまで行けば、大きな海がとてもよく見えます。
成長とは、新たに景色を生み出すことではなく
自分が選択し、行動することにより
景色のよく見える場所に行くことなのです。
あなたの前に広がる世界をありのままに見るために。

Peace

戦いには３つの種類があります。
ひとつは、国と国との戦い。
ひとつは、人と人との戦い。
そしてもうひとつは、心のなかで起こる戦いです。
一人ひとりの心のなかの戦いが、人と人との戦いを生み
人と人との戦いが、国と国との戦いに火をつけるのです。

13

世界を巻き込む戦争も、身近な人とのいさかいも
一人ひとりの心のなかから始まります。
外の世界の戦いは、表面的には止めることができるけれど
心のなかの戦いはそのままにしておくといつまでも続き
次の戦いにつながっていきます。
まずは一人ひとりの心のなかを静かに平らに
PEACEにすること。
そうなって初めて、外の世界の戦いを止めることができるのです。

14

心のPEACEを探すには
高い山に行かなくてはならないと思ったり
無感情な人にならなくてはいけないと思っていませんか？
そんな必要はありません。ただ自分のなかを見ればいいのです。
PEACEはほかのどこかではなく、あなた自身のなかにあります。

15

あなたと自分自身との間に
PEACEを築いていますか？

カメ一家のピクニック

ある日、お父さんガメ、お母さんガメ
お兄さんガメ、おとうとガメの一家がピクニックに出かけました。
レジャーシート、サンドウィッチ、飲み物などを
かばんにつめて出発です。
カメの一家は、ゆっくりゆっくり歩きます。
家を出発してから長い時間をかけて
ようやくピクニックにぴったりの場所を見つけました。
シートを広げ、荷物を置いて
ピクニックの準備が整ったところでお母さんが言いました。
「どうしよう。飲み物を開ける栓抜きを忘れちゃった」
そして、お兄さんガメに
「家に戻って、栓抜きをとってきてちょうだい」
とお願いしました。

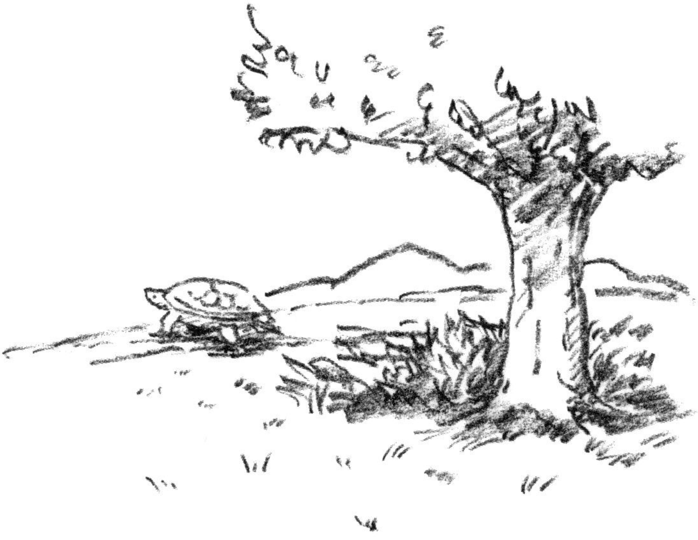

でも、お兄さんガメは「ぼく、行かないよ」と答えます。
お父さんガメが「なぜだい？」と聞くと
「ぼくが行ったら、おとうとが
サンドウィッチを全部食べてしまうでしょう？」と言うのです。
そこで、お父さんガメが「おまえの分は食べないよ」と伝えると
お兄さんガメはようやく納得して
栓抜きを取りに戻ることになりました。

お兄さんガメが出発して１週間。
おとうとガメは腹ペコになり、言いました。
「お腹すいたよぉ。お兄ちゃんは本当に戻ってくるの？
お兄ちゃんのサンドウィッチを食べていいでしょ？」
すると、お父さんガメとお母さんガメは
「もう少し待ちましょう」と、おとうとガメをなだめます。
しかし、さらに２日が経ち
おとうとガメはお腹がすいて、泣き出してしまいました。
「ねぇ、サンドウィッチを食べてもいい？」

すると、お母さんガメは
「確かに、お兄ちゃん遅いわね」と言い
お父さんガメも「仕方がないな。食べてもいいよ」と言いました。
そう聞いたおとうとガメがよろこんで
サンドウィッチを口に運ぼうとしたその瞬間
お兄さんガメが、ずーっと隠れて見ていた木陰から飛び出して
「やっぱり、ぼくのサンドウィッチを食べる気だ！」

　このお話は、まるで今の世の中のようです。
　人と人、国と国は、お互いのことを信頼しあっていません。本当にやるべきことを行おうとせず、互いに見張りあっている状態です。お互いのことを疑っているから、力を合わせることができず、人類に迫る深刻な問題を解決することもできません。それどころか、人間がつくりだした主義やシステムが、人間自身よりも尊重され、大切にされています。

私はこれまで「自分自身のなかに本当の平和を見つけてください」というメッセージを伝えることに、一生をかけてきました。なぜなら、私たちは、それ以外のことはすべて上手にできているからです。ロケットをつくって月に行き、小さな携帯電話をつくり、お金の代わりとなるプラスチックのカードで買物することを可能にしました。しかし、世の中のテクノロジーをここまで進化させたにもかかわらず、人の心のなかの平和や、人間らしさを進化させることはできずにいます。

　私たちが本当にやるべきことは、一人ひとりが自分自身への理解を高め、できることを実行し、力を合わせて、今迫っている問題を解決することなのです。

17

不満があれば、わっと泣き出し
満たされていたら、にこにこと微笑んでいた赤ちゃんのときと
あなたの根本にあるものは何も変わっていません。
自分のなかにある
満たされていたいという思いに気づいてください。
"私は満たされたい"と認めたときから
そのための一歩を踏み出すことができます。

18

自分の体は快適にしておきたい。
眠るときには、柔らかい布団がほしい。
靴を買うときは、試しにはいて少し歩いてみて
ぴったりかどうか確かめたい。
誰もがそんなふうに努力して体を快適に保とうとします。
では、それが体ではなく
自分の命や存在そのものであったらどうでしょう。
快適さを保つための努力をしているでしょうか。
不快であっても、それに慣れようとしていませんか？
怒りや混乱があったとしても
それとともに生きようと努力してはいないでしょうか？
もしそうだとしたら、それはクギの出た靴をはいて
痛みを感じながら、これでいいんだ
こういうものなんだと言っているようなもの。
痛いもの、熱いものに触れれば、人はすぐに手を引っ込める。
もしそれが、私たちが生まれながらにもつ本能なら
心を快適に保とうとすることも本能であるはずです。
あなたが快適でありたいと願うなら、そうするべきです。
「人生とはみじめなものだ」などと言わないでください。
あなたには人生を楽しむための心と体が与えられています。

19

あなたの心のなかには、庭があります。
たとえ外の世界が混乱していたとしても
その庭はあなただけのもの。誰も乱すことはできません。
外の世界には、愛があり、憎しみがあり
サスペンスがあり、冒険があり、ミステリーがある。
日々はドラマのようです。
でも、あなたのなかには自分のままでいられる場所があります。
ごまかしたり、隠したり
格好をつけたりする必要のない、もっともくつろげる場所。
そんな庭が誰の心のなかにも存在しているのです。
その場所では自分の欠点を見つけて改める必要などありません。
外の世界の混乱や、もっている肩書きを脇に置いて
その庭で、そのままの自分と向き合うだけでいいのです。

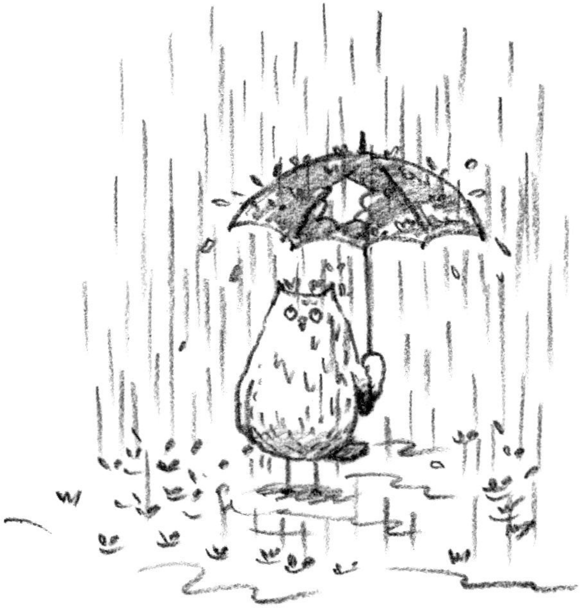

20

何者かがあなたの体の自由を奪ったとしても
心に大きな痛手を与えたとしても
あなたの一番大事なものは奪えません。
その一番大事なものを育てるかどうかは
あなたにかかっています。
「もうおしまいだ、行き止まりだ」と
思うこともあるかもしれません。
でもそういうときでも
あなたの心のなかにある大事なものは
決して奪われることはないと思い出してください。
あなたの一番大事なものは、あなただけのものです。

Life

あなたは何のために生きていますか？
もう戻ってこない昨日のためですか？
それとも、行くことのできない明日のためですか？
あなたが唯一いることができる場所
それは"今"という瞬間です。

21

25,550日
世界の平均寿命、約70年間を
日で表すと 25,550日です。
1/25,550日である今日を
あなたはどのようにすごしますか？

人は一日に何度も時計を見ますが
時計が本当に意味することを知らないかもしれません。
時計が意味すること。
それは、あなたは永遠には生きられないということです。
時は一方向にしか進みません。延長することもありません。
それは私たちにどんな意味をもたらすでしょう？

23

木はカレンダーを見たりしません。
明日はお彼岸だ、準備をしよう。
さあ、花を咲かそう、用意はいいか？ そんなことは言いません。
花を咲かせるのは、自然の摂理です。
季節ははるか昔から繰り返され、今年もやってきて
これからも繰り返されていくでしょう。
あなたの人生にも春が来なくてはいけません。
それがあなたの生きている証しです。
花を咲かせ、自分が生きている今日という日を祝ってください。
木は、その日がやってくると花を咲かせます。
あなたも咲かせてください。
あなたにもそれがうまくできるはずです。

この瞬間を生きる

「人生は贈り物である」と言われます。
でも人生はときにこんがらがり、いつもそのようには思えません。
「人生は貴重だ」と言われます。
でも毎日の生活はいそがしく、私たちはそれを忘れてしまいます。

毎朝目覚まし時計が鳴って、家を出る準備をします。
頭のなかは今日しなければならないことでいっぱいです。
バス停に行かないと、電車に乗らないと、事務所に行かないと、と
人生よりもしなければならないことが優先されています。

早く早くと急ぐ人がいます。
なぜ急ぐのでしょうか。

人生の旅の終わりは
どんな人にも同じようにやってくることを皆知っているのに。
急ぎたくても時間はそれを許しません。
あなたは時間の流れにそって生きていくしかないのです。

私たちは皆、小さな船に乗っているようなものです。
時間という川の流れの速さを変えることはできません。
人生の旅の目的は終点までたどり着くことではなく
今を生きること。
自分の心のなかを感じること。
生きている間の一瞬一瞬を楽しむこと。
この瞬間を生きるということです。

生きていることの意味を理解したい。
もしあなたがそう思ったなら
その瞬間、その中心となるのはあなたです。
あなたの命も、あなたの一歩も、あなたの人生も
あなたの胸が高まることも、心が満ちることも
あなたが生きているから存在するのです。

人生において
もうこれ以上先がない
行き止まりで絶望的な状況になったなら
そのときは、回れ右をすればいいのです。
回れ右をして、新しい道を行く。
そのように生きることが大切です。
すべての日をできるかぎり満たされた
素晴らしいものにするために。

27

今の習慣が、今の結果を招いています。

違う結果がほしければ

習慣を変えなければなりません。

王様とネズミ

ある日のこと。王様がコックに命じました。
「これまででもっともおいしい世界一のデザートをつくってくれ」
命じられたコックは、うなづいてキッチンへと戻りました。
王様からこうしたことを命じられるのは
めずらしいことではありませんでした。
「今までで一番おいしいデザートを食べたい」と
毎晩毎晩、王様は言うのです。
コックは、毎晩繰り返されるこのやり取りが
だんだん嫌になってきました。
なぜなら、どんなデザートをつくっても王様は満足しないのです。
次の日もまた次の日も「今までで一番おいしいデザートを」と
言い続けました。
ある日、コックは王様に一泡吹かせてやろうと考えました。

夕食後、これまででもっともおいしい世界一のデザートが
王様の前へと運ばれました。
このデザートのおいしそうな香りは

宮殿はおろか、森全体まで広がっていきました。
誰もが我慢できなくなるほど、それはそれは良い香りでした。

王様がそのデザートを、ガツガツとむさぼるように食べ始めた時
宮殿中のネズミも我慢できず
王様のダイニングルームに集まってきました。
ネズミは、いたるところにいました。
ダイニングテーブルの上も、ネズミで埋まり始めていました。
デザートを求めて、カーテンをはい回り
小さなネズミは、デザートのわずかなかけらでも残ってないかと
王様のひげのなかまで潜りこむほどでした。

これは、宮殿の一大事でした。
部屋のカーペットの上も、カーテンの裏も
ネズミでいっぱいなのに
まだまだ次から次へと、そのデザートを求めて
ネズミが部屋に集まってきました。
この大惨事をどう解決すればいいのか
緊急の会議が招集されました。

ゴホンと、ひとつせきばらいをした王様が言いました。

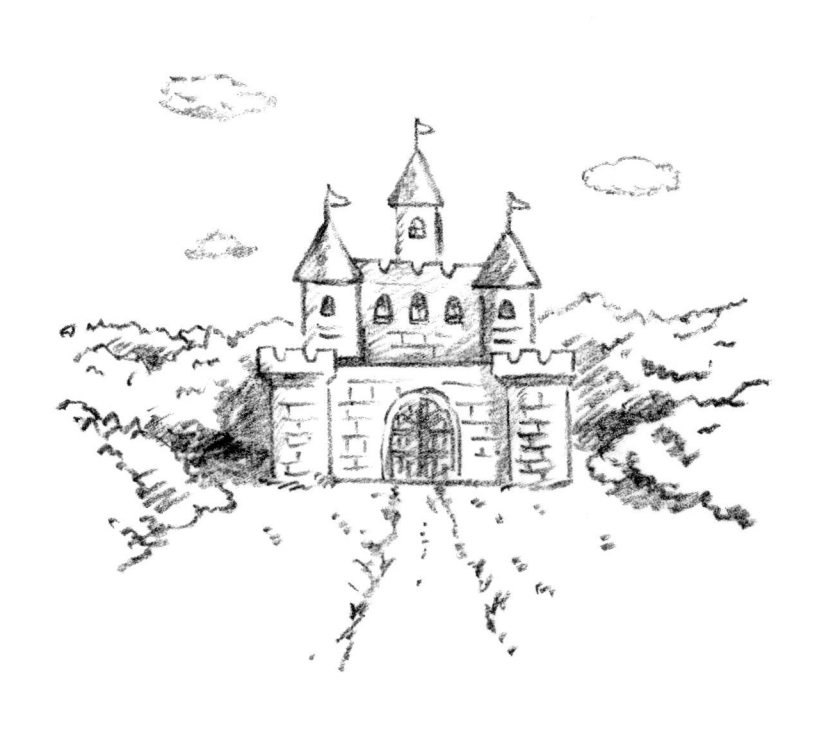

「何か対策はあるか？ 私たちの宮殿は、ネズミによって侵略されてしまった。何か解決策をもっている者は、その策を口にせよ」

大臣たちは互いに話し合った末
「殿下、ネズミを退治するために猫を集めるべきだという結論に至りました」と答えました。
この解決策は確かに合理的な気がしました。
そこで将軍が呼びつけられ、王国中の猫を集めて
宮殿へと連れてくるよう、命じられました。

すぐに猫たちが連れてこられました。
するとあっという間にネズミはいなくなりました。
しかし、確かに宮殿からネズミはいなくなりましたが
今度は宮殿が猫だらけになってしまいました。
あちらもこちらも、見渡すかぎり猫だらけです。

猫たちは、何でもかんでも引っかいてまわり
宮殿の高価な家具の上にゆったりと横になり
大切なカーテンで爪を研いでいます。
あたり一面、ニャーニャー、ゴロゴロという
猫の声が響き渡っていました。

そこで、再び会議が招集されました。
王様は「誰か、何かほかに妙案はないか？」と口火を切りました。
前回同様、大臣たちは大声で議論を始めました。
しばらくして彼らは言いました。
「殿下、今度は猫が嫌う犬を連れてきてはいかがですか」
それを聞いた王様は、再び将軍を呼び、王国中の犬を集めて
即座に宮殿へと連れてくるよう命じました。
すると、すぐに猫は犬に取って代わられました。

しかし、そうしたところで、犬は犬で
自分のやり方をもち込んでくるだけのこと。
宮殿はあっという間に、あちこち犬がうろつき
吠える声でいっぱいになりました。
今度は、宮殿は犬だらけです。

またまた宮中会議が招集され
今度は、犬は虎が苦手だから虎を集めて
宮殿に連れてくることになりました。
すると、すぐに犬はいなくなり、宮殿は虎だらけになりました。
これにより宮殿は深刻な事態となりました。
虎たちは凶暴で、いつ自分たちを襲ってくるかもしれないと

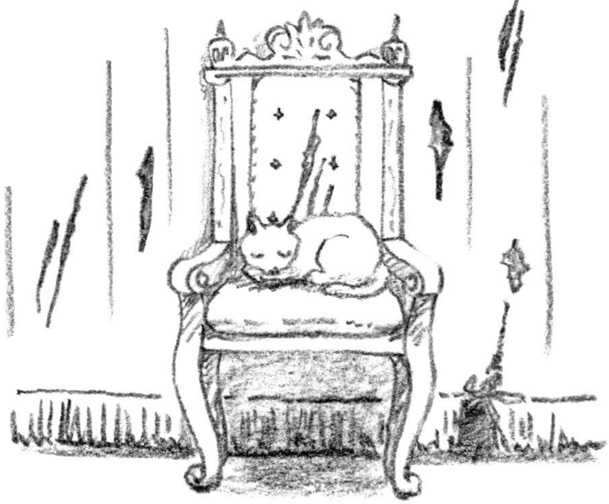

誰もが虎を恐れて、身動きひとつできなくなったのです。

そのため次の会議の招集は大変な困難をともないましたが
やがて、虎が怖がる象を集めて
すぐに連れてくることになりました。
象が到着し始めると
虎はあっという間に宮殿から姿を消しましたが
後にはより大きな混乱が待っていました。

今や宮殿は象だらけ。動く隙間もないほどです。
象はさまざまなものを壊すため
大変な騒ぎになってしまいました。
そしてあっという間に、宮殿は象のふんでいっぱいになりました。

そこで、またまた会議が招集され
今度は宮殿にネズミが集められることになりました。
象は、ネズミを恐れるからです。

将軍は命令に従い、ネズミを集めました。
ネズミが集まり始めると、象は宮殿を去って行きました。
そして宮殿は再び、初めの状況へと戻ったのです。

このころになり、ようやく王様は、これらの大失敗はすべて自らの責任であると気がつきました。
自分の強欲さえなければ、このような事態は起こりえなかったと深く深く反省したのです。

　何か問題が生じたとき、人はどうしてもその場しのぎの対処をしてしまいます。しかし、本当にその解決方法で、ものごとは良くなるでしょうか。起こっている問題の本質そのものを理解せずに解決しようとすると、結果的には、より一層の混乱と、たくさんの時間や資源の浪費につながってしまいます。

　今、あなたの悩みの種になっている問題は何ですか？ その問題の真の原因はどこにあるのでしょうか？

Thankfulness

初めて息を吸った瞬間から
あなたのこの世界での旅が始まりました。
それ以来、来ては去る呼吸を繰り返しています。
呼吸とともに始まり、呼吸とともに終えるのが人生です。
生きていることに感謝してください。
そして"私"であることに感謝してください。

29

呼吸は、命を運んできます。
ひと呼吸、ひと呼吸が、一つひとつの贈り物なのです。
呼吸に意識を向けてみてください。
ひと呼吸ごとに命が届けられていると感じることができたとき
不思議と心は落ち着き、満たされていきます。

自分をどんなに小さな存在だと思っていたとしても
あなたには呼吸という奇跡が起きていることを
覚えておいてください。
この奇跡を受け入れること
呼吸に「ありがとう」を言うこと
これを務めとすべきです。
その感謝の気持ちに余計なものを入り込ませないでください。
もし何か葛藤があるのなら、無駄な戦いはやめにして
自分と命のよろこびの間に何も入り込ませない
そのことに集中してください。
そうすれば、曇りのないはっきりした人生を送ることができます。

あなたには素晴らしい能力があります。
それは、感謝するという能力です。
道に迷ったとき、誰かが教えてくれる
すると私たちはありがとうとお礼を言う。
レストランに行ったとき、ウェイターの対応がいいと感謝する。
でも感謝とはそれだけではありません。

感謝する力が、自分の存在や自分の命に向けられるとき
来ては去る呼吸があり、私は生きていると感じたとき
私には感じる力、理解する力、答えを得る力があると言えたとき
幸せになる力がある、満たされる力があると感じたとき
そのとき、生きていることに対して特別な感謝がわいてきます。

私たちがもつ感謝する力は素晴らしいものです。
それをさらに良くする必要はありません。
それはすでにそこにあり、それだけで素晴らしいものなのです。

私にはあれが必要だ。
あれが手に入れば幸せになれる。
こういう人はいますが
私はとても幸せだ、なぜならこの命があるから
とは、誰も言わないのではないでしょうか。
命があることこそが幸せであると、わかっていなければ
どれだけ多くのことを知っていても
肝心なことがわかっていないのと同じです。

あなたが求めているものは、あなたのなかにあり
あなたがもっている疑問の答えは
すでにあなたのなかにあります。

おじいさんのミルク

大金持ちのおじいさんがいました。
おじいさんには、ベッドに入る前に
温かいミルクをカップに1杯飲む習慣がありました。
お使いが、おじいさんの寝室に
温かいミルクをもって行くことになっていましたが
彼は、毎晩そのミルクを「飲んでみたいなー」と思っていました。

ある日のこと。
ついに彼は、そのミルクを4分の1杯飲んでしまいました。
そして、代わりにお湯をたして、ごまかしておきました。
お湯がたされたミルクを飲んで
「おかしい。味が薄いぞ。
お使いがわしのミルクをこっそり飲んでいるのでは？」

そう疑ったおじいさんは、翌日もう1人お使いを雇い
最初のお使いがミルクを盗んでいないか
見張るように命令しました。

その晩、最初のお使いがいつものように温かいミルクを用意して
4分の1杯を飲んだとき
それを見た2人目のお使いが言いました。
「ご主人様から、きみを見張るように頼まれた。
けれど、ミルクをぼくにも分けてくれるなら、黙っておくよ」
そこでお使いは、さらに4分の1杯を2人目にも分けました。

その晩に運ばれたミルクを飲んだおじいさん。
「ミルクが、ますますひどい味になった」
そこで、もう1人を雇い、最初の2人を見張るように命じました。

3人目のお使いが、見張っていると
2人がミルクを飲んでいます。すると彼は

「ぼくにも分けてくれたら、ご主人様には何も言わないよ」

こうして、おじいさんのミルクは4分の1だけ。
残りの4分の3はお湯になってしまいました。
ミルクを飲んだおじいさんは、怒って
「今度こそ、こらしめてやるぞ」と
もう1人雇って、3人を見張るように命じました。

その晩、3人がミルクを飲んでいると、4人目の新人が
「ぼくの分は？」と尋ねました。すると最初の3人が
「君に4分の1あげたら、何も残らないので、バレてしまう」
それを聞いた4人目は「大丈夫、ぼくに考えがある」と言い
残りのミルクを飲みほしてしまいました。

その夜。おじいさんがいくら待っても、ミルクが届きません。
そのうちに、うとうとしてしまい
いつしか、いびきをかいて寝てしまいました。

おじいさんが、眠ったのを確かめた4人は
こっそり部屋に忍び込み
ミルクを飲みほしたカップからミルクの泡を指にとって
寝ているおじいさんの口のまわりにつけました。

翌朝、おじいさんは、カンカンに怒って
4人のお使いを呼び出しました。
「毎晩、温かいミルクを飲むために、お前たちを雇っているのに
昨日は誰ももって来なかった。どういうことじゃ？」
するとお使いは答えました。
「ご主人様、ちゃんともっていきましたよ。
ご自分の顔を鏡で見てください」

おじいさんが、手鏡を引き出しから取り出して
自分の顔を見たところ、口のまわりにミルクの泡がついています。
「おや、口のまわりにミルクが…。
ということは、ミルクを飲んだのかもしれないなぁ」

おじいさんは、少し不思議な気持ちになりながら
鏡に映る自分の顔を見つめていました。

　本当の幸せや感謝は、あなたの心のなかからわき上がってくるものです。世の中が認める"いい会社に入ったから""人気の高いアクセサリーをもらったから""素敵な家を建てたから"幸せになったり、感謝したりするのではありません。自分自身が心から実感しているかどうかが大切なのです。"こういう人は幸せだ""こういう状況には感謝しなくてはならない"という、世の中が決めた公式や、見かけだけの言動に振り回されないでください。それはまるで、飲んだ実感や満腹感がないのに、口のまわりについたミルクの泡に惑わされるようなものです。

35

感動することができれば
「感動をありがとう」という感謝の気持ちが生まれます。
感謝の気持ちが生まれると
「私もがんばります」という情熱が生まれます。
情熱が生まれると
「あなたもがんばってね」という思いやりの気持ちが生まれ
そして、「あなたもがんばっているんだね」
という理解が生まれます。
こうして人は心を養います。
感動、感謝、思いやり、理解、成長というサイクルを
経験することで、それらがあなたにとって身近なものになります。
そして、疑い、憎しみ、怒り、恐れなどが遠ざかっていくのです。

Seeds

どんなものごとも
あなたがまいた種から始まります。
あなたがまきたいのは、
どんな種ですか？

36

私たちがこの世に生まれたとき、たくさんの種が与えられました。
その種のひとつは、やさしさの種でした。
ほかにも、怒りの種や愛の種
理解の種、疑いの種、混乱の種もありました。
それらの種を、人生という大地にまいたら
その結果、生えてきた木の下で休むことになります。
美しい花が咲く木もありますが
ベトベトした樹液を出す木もあります。
最初は一粒の種ですが、芽を出して、木に育ち
さまざまな性質、可能性をもった枝を伸ばすのです。
それはあなたが好きな木かもしれないし
嫌いな木かもしれません。
手のなかのどんな種をまくのかは、あなた次第です。

弓の名人と油売り

昔、ひとりの弓の名人がいました。
彼は村々を回り、弓の腕前を見せていました。
矢を取り、弓を引き、的の真んなかに命中させ
次の矢で前の矢を裂いてしまうほどでした。
みんな、彼を弓の名人とほめたたえ
彼も"俺が一番だ"と得意になっていました。
ある村で、彼がいつもどおり弓の技を見せていると
後ろのほうで声がします。
「練習すれば、誰でもうまくなるさ」
それを聞いて、弓の名人は腹が立ちました。
ものすごい練習を重ねて、やっとうまくなったのに
弓を射るたび、「練習しただけだ」と言うのですから。
名人は技を見せたあと、後ろの声の主のところに行きました。
そこにいたのは油売りの男でした。

竹ざおと2つの大きな瓶（かめ）と
そして、たくさんのビンをもっていました。
弓の名人は、こう言いました。
「いったいどういうことだ。
俺が弓を射るたび『単に練習しただけさ』と言うなんて。
俺の技のすごさがわからないのか？」
それを聞いた油売りは
「じゃ見せよう」と言って、ビンを1つ取り上げました。
そして、穴のあいた硬貨をビンの口に置き
大きな瓶をもち上げ、油を注ぎ始めたのです。
すると、油は硬貨の穴の真んなかを通り
一滴もこぼれず、ビンに流れ込みました。
油売りは、名人のほうに向き直り
「さあ、今度はあんたがやってごらん」と言いました。
これを見て、名人は自分にはとてもできそうにないと思いました。
「そういうことさ。つまりは練習の問題だ。
あんたは毎日弓を射て、私は毎日油を注いでいる。
だから、あんたは弓がうまくなり

私は油を注ぐのがうまくなったのさ」
それを聞いて、名人も納得したのでした。

　部下が失敗ばかりする。上司が嫌みばかり言う。子どもがわがままばかり言う。夫と口げんかばかりしている。だから毎日、イライライライラ。そんな人がいるかもしれません。
　でもこんなふうに考えたことはありませんか？　毎日イライラしてばかりいるから、イライラすることが上手になっていると。どんなことも毎日やっていれば、必ずそれがうまくなります。毎日怒っていれば、怒るのが上手になります。一日中、何事にも無関心でどうでもいいと言い続ければ、それが上手になります。毎日やさしくしていれば、やさしくするのが上手になります。毎日理解しようとしていれば、理解するのが上手になります。いつもやっていることが上手になるのです。
　あなたが上手になりたいことは何ですか？

砂漠の種

サハラ砂漠。どこまでも続く、乾ききった世界。
ここには、鮮やかな色などありません。
強い風が、大地をますます乾燥させ
厳しい日差しがわずかに残る水分を奪い、地面を焼いていきます。
こんな世界に生物などいないだろうと思うかもしれません。
しかし、地面の下をのぞいてみると、そこには
数えきれないほどの植物の種がチャンスを待っているのです。

種は地面の下で、ただひたすら雨を待っています。
10年も待ち続けることだってあります。
雨の気配などなく、降る保証もない。
そんな環境のなかで待ち続けることは、簡単ではありません。

もう降らないかもしれないと
絶望してしまうほどの、長い長い時間です。
しかし、種は決して希望を失いません。
雨さえ降れば、いつだって芽を出せる。
そんな準備を整えています。
ある日。
空に雲が集まり始め、湿った空気が上っていきます。
遠くに雷の音も聞こえてきました。
空中の水分が増えるとともに、甘い香りがあたりを包みます。
そして、ついに最初の一滴がぽたり。そしてまた、ぽたり。
一度降り始めると、そのテンポは速くなり
たくさんの雨粒が、土のなかに吸い込まれ
長い、長い間、乾ききっていた土壌が水分をたくわえます。
眠っていた種が目覚めるのは、そんなときです。
もっている力を、今こそ発揮しようと動き出すのです。
その瞬間。

あたり一面、砂色だった砂漠に
赤、青、オレンジ、紫の鮮やかな花々が顔を出します。
こうして砂漠は、命と美しさに満ちていくのです。

　砂の中で雨を待つ種は、その日、その時を待ち続けています。いつでも準備を万端にして、「まだだと思った」「雨は来週では？」などと言い訳はしません。静かに、静かに、ただチャンスを待ち続け、その瞬間を逃すことは決してないのです。
　私たちもまた、雨を待つ種をもっています。その種は、サハラ砂漠の種と同じように、今か今かと準備を整えているのです。その種が待つのは、私たちが「満たされたい」という思いを確かにし、満たされるために動き出すことです。あなたが動き始めたとき、あなたもまた、色とりどりの花が咲きほこるのを目にすることができます。

39

人類をむしばんでいる病気があります。
世界中の至るところで猛威を振るっています。
それは「生きることに対して無関心になる」病気です。
かかるとなかなか治らない大変な病気です。

あなたは自由とは何だと思いますか？
自由など、微塵もないような
戦闘の地や、刑務所でも
自由を欲するなら、それは可能です。
なぜならそれは、すでにあなたのなかにあるからです。
しかし、自由を感じたいなら、生きることに対して
無関心になる病気を治さなくてはいけません。
それを治す方法はたったひとつ。
命の大切さを感じることです。

40

あらゆる夢の源は
満たされたいという思いです。

41

水の力

川は流れます。力強く、柔軟に。
川の水は、どちらに進むべきかと尋ねたりはしません。
自分がもっとも流れやすい方向へと流れていきます。
途中で岩にぶつかることもあります。
岩は言います。
「私たちは動かない。お前のほうが動け」
「いいですよ。私が向きを変えましょう」と水が答えます。
岩は勝ったと思うでしょう。
でも岩は、川の水の本当の力には気づいていません。

水の力、それはあきらめないことです。
水は、ゆっくりと着実に岩をけずっていきます。

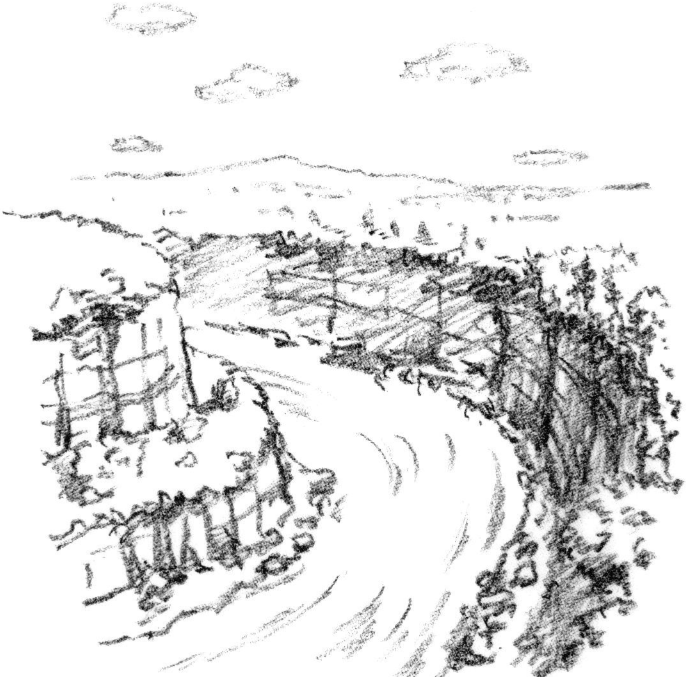

長い長い時を経て、ふと気がつくと岩のほうが動いている。
かつて岩があった場所を水が流れているのです。
さて、最後に勝ったのはどちらでしょうか？

大きな渓谷を見ると、水の力を実感します。
一途に、あきらめずに続けることで
岩をけずり、もともと流れたいと思っていた場所を流れている。
決して動くことはないと思った岩が降参し、道を譲っている。
水はその力で、強固な岩さえ砕き、砂に変えてしまったのです。

心が感謝で満ち溢れるとき、人は最高の幸せを感じます。
自分にとって大切なものを理解し
受け入れるのはとても気持ちの良いものです。

昨日や明日に目を向けず、今という瞬間に目を向ける。
それはとても気持ちが良いものです。

仮説や公式や確率や
信じること、願うことを土台にして生きるのではなく
自分の心としっかりつながった確かなこと
確信をもてることを土台にして生きること。
それはとても気持ちが良いものです。

自分自身のなかに友人がいると気づくこと。
それはとても気持ちが良いものです。

人生で一番大切なのは
人生を気持ち良さでいっぱいにすることです。
感じ、感謝し、心からよろこんでください。
そのとき、本当に生きていると感じることができます。
そのとき、あなたは本当に生き始めます。

Relationship

人と人が良好な関係を築くにはどうしたらいいか？
それは、世界中のさまざまな人の関心事であり
悩みではないでしょうか。

ここでは、プレム・ラワットが世界中で受けた
さまざまな質問への回答をご紹介します。

アメリカ合衆国 テキサス州 ドミンゴ刑務所にて
ある受刑者からの質問 (2012年)

受刑者：私は罪を犯してしまい、こうして刑務所に入ることになりました。それまでいっしょにいた妻は、私が改心し、変わることはないと考え、私から離れていきました。でも、ここにきて、あなたのプログラム（ピース・エデュケーション・プログラム／About Prem Rawat 参照）を受けて、変わることができました。どうしたら妻と家族に私が本当に変わったことをわかってもらえるでしょうか？

ラワット：家族のために自分を変えようとしてもうまくいきません。自分自身のために変わることができたら、ミツバチが花に引き寄せられるように、家族はあなたのところに戻ってくれます。あなたは自分自身をあきらめなかった。その自分を信じる力で、人生に素晴らしい変化をもたらせるはずです。

インド ハイデラバード刑務所にて
ある受刑者からの質問（2014年）

受刑者：私は人とうまくつきあうことができず、ついには罪を犯してしまい、このようにここにいます。それは、私のカルマ、つまり前世の行いに関係があるのでしょうか？

ラワット：今、あなたが刑務所にいること。ここでこうしていることは、すべて自分の選択の結果です。カルマとは関係がありません。最近、別の受刑者からこのようなメッセージをもらいました。「やっと自分で選択することの大切さを理解することができました。私は、私自身の選択によって刑務所に入ってしまいましたが、これからの選択によって刑務所から出ることができます。また、ここに戻って来ないことも私の選択にかかっています」と。ある人は、「すべては、あなたのカルマのせいです」と言うかもしれません。しかし、もしカルマのせいであれば、あなたには、選択肢がないということになってしまいます。そんなことはありません。人間には必ず選択肢があります。そして自分自身の選択によって結果が導かれます。人生をより良く生きるために、毎日意識をもって選択してください。

日本 大阪にて

ある女性からの質問（2014年）

女性：新しい上司とうまくやることができません。嫌な仕事を押しつける彼と働くことを思うと、毎日イライラして、心穏やかでいることはとても難しいです。どうしたらいいでしょうか？

ラワット：あなたは、イライラの原因は上司にあると思うかもしれませんが、もうひとつ大きな要因が考えられます。それは、あなた自身の心のなかです。心にすでにストレスを抱えていると、小さなことでもイライラします。反対に、満たされていれば、同じことが起きても受け流せます。ですから、まずは自分自身との関係を平穏にし、それから他人との関係を平穏にすることを考えましょう。この順番を逆にするのは簡単ではありません。他者への怒りをなくすことよりも、自分が満たされているかどうかに焦点を合わせてください。ときにはイライラしたり、怒りがわくこともあるでしょう。しかし、毎日であれば、それはイライラの練習をしているようなもの。いずれイライラの名人になってしまいます。それよりも、穏やかな心でいる名人になってください。毎日少しずつ努力を続ければ、意識は必ず変わっていきます。

イギリス ロンドンにて
ある子どもをもつ母親からの質問 (2015年)

母親：2歳の息子がほかの子どものおもちゃを奪ったり、彼らを押したり、叩いたりします。もっと穏やかな遊び方、つきあい方を教えたいのですが、どうすればいいでしょうか？

ラワット：小さな子どもは、あらゆる感情をもち、それらをすべて表現します。子どもは、人間のもつポジティブな感情、ネガティブな感情、それらすべてを冒険する必要があり、強制的にやめさせようとしてもうまくいきません。また、子どもに代わって、親が選択することもできないのです。子どもには、良い環境を整え、愛を注いで、サポートしてあげてください。親のサポートがあれば、ほとんどの子どもは、すぐその時期を通過し、やさしい感情を育て、身につけてゆくことでしょう。

ブラジル サウパウロにて
ある父親からの質問 (2012年)

父親：家族をもっと幸せにしたいです。どうすればいいですか？

ラワット：まず自分自身の幸せを見つけてください。幸せな父親でいることは、家族への最高のプレゼントです。また、奥さんに5分間の幸せな時をつくってあげてはいかがでしょうか？ つまり5分間でいいので彼女の話をきちんと聞いてあげてください。子どもに対しても同じです。私たちは、相手の話に本気で耳をかたむけることをすぐ忘れてしまいます。でもそれはとても大切なことです。

南アフリカ共和国 ヨハネスブルグ ソウェトにて
ある高校生からの質問（2014年）

高校生：最近友人と口げんかをして、彼女にひどいことを言ってしまいました。言い争いはどうしたら避けることができますか？

ラワット：言葉は口に出した瞬間、過去のものとなります。一度口に出してしまったら、その言葉に触れることはできず、二度と戻ってはこないのです。もし、あなたがやさしくない言葉を一度口にしたら、消すことも変えることもできません。すべての行動も同じです。過去になった瞬間、誰にもコントロールできません。だからこそ、毎日意識をもって行動する努力が必要です。誰もがその努力から、卒業することはありません。私たちは毎日水を飲みます。でも水が完璧に飲めるようになったからといって、その行為から卒業しますか？ いいえ、一生飲み続けますね。毎日意識をもって努力することもそれと同じです。毎日毎日、一瞬一瞬、良い選択をする練習をしましょう。

イタリア 摂食障害のクリニックにて
ある女性からの質問 (2015年)

女性：恋愛関係において平和を手に入れることは可能でしょうか？

ラワット：まずは、自分ひとりで満たされることを考えてください。それができなければ、恋愛関係はうまくいきません。自らに力がみなぎっていると気がついたとき、あなたは彼にとって、良いパートナーになるでしょう。

　恋愛関係では、どちらかが大変な時期には、パートナーが支えとなります。それは、まるで椅子に座るときのようです。体の調子を崩して弱っているとき、自分を支えられないと、人は椅子に座ります。けれど、そのとき椅子も弱ってしまっていると、脚が折れ、座った人も地面に転がることになってしまいます。

　自分のなかの力に気がつくこと。そうすれば、自分の人生を良い方向に変えることができ、またまわりの人にも良い影響を与えることができるでしょう。

イタリア 摂食障害のクリニックにて
ある女性からの質問（2015年）

女性：人生で何を愛していますか？ また何を恐れていますか？

ラワット：私は人生そのものを愛しています。人生が変わっていくこと、自分で変えることができる不思議さに魅了されています。毎日、命という贈り物が私に与えられ、内なる庭に花が咲くことに感動しています。

　一方で、私にはさまざまな恐れがあります。たとえば、飛行機を操縦するときは、人の命を預かることになります。ですから、故障、燃料、天候など、たくさんのことを恐れています。しかし、恐怖を恐怖のままにしておく必要はありません。恐怖は、私の行動によって取り去ることができます。恐怖は対応次第で、あなたを助けることも、立ち止まらせることもできるのです。

　もちろんこのお話は、飛行機の操縦に限ったものではありません。それがどんな恐怖であっても、取り去りたいと願うならば、まずはその恐怖を受け止めること。そして、決断し、行動することです。意識をもって生きることは簡単ではないけれど、それができたとき、人生は本当に楽しくなります。

スペイン バルセロナにて
ある大学生からの質問 (2015年)

大学生:問題がなかなか消えず、落ち込んだ経験はないですか?

ラワット:もちろんあります。大きすぎて解決不可能な問題にぶつかった経験もあります。問題があると、それはとても大きく見えます。地球ぐらい大きく感じます。そんなとき、私はこう捉えるようにしています。問題の大きさは、私の耳から耳の間くらいの大きさでしかないと。つまり、問題が存在するのは、私の頭のなかであって、それより大きくなることはないと考えるのです。
　ほとんどの問題は、自分の選択によって起きるもの。ですから、自分の選択によって解決できるはずです。

イタリア シチリア島 マツァーラにて
ある高校生からの質問 (2011年)

高校生：世界の大統領やリーダーたちが、戦争や紛争を起こしていることについて、どのように思いますか？

ラワット：大昔は、戦争になると王様は先頭に立って戦っていました。ですから、王様自身が戦いで命を捨てたくないと考えると、外交術や話し合いが最優先されました。しかし、現代のリーダーたちは戦争から遠い豪邸にいながら、他人を戦場に送り込んでいます。そうした戦争は、選択肢から排除されるべきものです。主義やシステムが人の命よりも優先されることは、決してあってはなりません。

アメリカ合衆国 カリフォルニア州 ロスアンゼルスにて
ある経営者からの質問 (2015年)

経営者：あなたのメッセージは企業で応用できますか？

ラワット：企業には、株主やさまざまな関係者との約束があり、ときに、それらが最優先されます。そのため、会社側から社員に、大きなプレッシャーがかけられ、社員は自分の夢や目標、理想を脇において、会社側の要望を満たすことに一生懸命になってしまいます。しかし「会社が成功するように150％の努力してください」と言われ続けると、社員はどうなるかわかりますか？

経営者：疲れはててしまい、効率よく仕事できなくなるかもしれませんね。

ラワット：その通りです。自分の時間をつくることができず、疲れてしまい、あらゆることをあきらめてしまいます。自分の夢や目標、理想をです。そのような人間は、家族や友人、社会に対して、良いつきあい、良い貢献ができなくなります。それよりももっと深刻なのは、自分自身との関係が悪くなります。満たされて

いない、夢もない、楽しみにしているのは定年退職のみ。これでは人生は、とても悲しい物語になってしまいます。

　また、会社にとってもマイナスです。そうした電池切れの社員ばかりでは、企業活動はうまくいきません。自分自身と良い関係を築き、満たされた人間だからこそ、会社に大きなメリットをもたらすことができるのです。

経営者：具体的には、満たされた社員はどのような働きをすることができるのでしょう？

ラワット：企業では、社員への教育が大きな課題です。社員が変化を受け入れられるかどうかが、特に難しい問題だとされています。会社が「私たちは進化しなければならない」と決めたとしても、社員にその必要性が理解できなければ、変化は起きません。電池切れの社員の場合は、なおさらです。一方、満たされた社員は、トップが進化を求めたときに、共感し、理解する心の力をもっており、柔軟性のある考え方ができます。ものごとを新しい視点

から見て、画期的な発想を生み出し、成し遂げることも可能です。
　なぜなら、心が満たされていることは、すべての土台のようなものだからです。土台がしっかりしていれば、進化の先にある高い理想に向かって、自分の力を思う存分に発揮できます。そんな満たされた人の多い職場から、クリエイティブな仕事も生まれてくるのです。
　私のメッセージは、人の心を満たす手助けになるはずです。とても基本的で、シンプルなメッセージですから、会社でも、家庭内でも、応用してほしいと思います。

About
Prem Rawat

プレム・ラワットは長年にわたり、
人々の前で語り続けてきました。
ここでは彼の功績と人物像について紹介します。

普遍的なメッセージを世界へ
欧州議会主催の国際会議でも講演

　プレム・ラワットは、1957年にインド北部の小さな村で生まれました。プレム・ラワットの父、シュリ・ハンス・ジ・マハラジは、演説などを通して人々に心の平穏の大切さを説いた人物で、作家でもありました。プレムも彼を師とあおぎ、多くの影響を受けます。プレムはかつて父親について「彼が話すと誰もが聞き入った。人生で多くの人に会ったが彼ほどやさしく、親切な人を私は知らない」と語っています。

　プレムは父から、息子として、また教えを受け継ぐ弟子として、多くの愛情を受けて成長し、その才能を開花させていきました。プレムの父が亡くなったのは、プレムが8歳のときのことでした。彼は父の考えを受け継ぎ、北インド一帯の講演旅行に出発。深い真理をシンプルな言葉で表現する彼の話は、多くの人の心に触れることとなりました。そして1971年、13歳のときにイギリスとアメリカの支持者から招待を受け、ヨーロッパ各地とアメリカで講演を実施。以降、40数年にわたり世界中で講演を行い、これまでに250以上の都市で、のべ1500万人にメッセージを伝えています。講演の内容は75カ国語に翻訳され、一回の聴衆の数は数十人から数万人規模になることもあります。故郷インドでは、屋外の特設会場に50万人が集まりました。

　彼の伝えるメッセージはとてもシンプルで普遍的なものです。

すべての人の内面にある本質的な「渇き」に目が向けられており、人種、文化、宗教、政治、国境や、教育、信条、経済力、社会的地位などには関わりません。ときには、戦火の激しい地域や、重い刑を受けた人々が収監された刑務所などにも赴いて話をするなど、あらゆる環境に身を置く、すべての人々に共通に伝えられていることが特徴です。

　そうした考え方は、世界中の人々に受け入れられ、イギリスのケンジントン宮殿や、欧州議会、国連、イタリア、アルゼンチン、オーストラリア、ニュージーランドの国会議事堂、世界各地の学校など、数々の著名な会場やフォーラムに招かれて講演会を行っています。

　2011年11月には、欧州議会主催の「平和と幸福の実現」をテーマにした国際会議に基調講演者として招かれました。この会議は、平和への実際的な活動を呼びかけるために、欧州議会副議長であるジャンニ・ピッテラ氏が中心となって開催されたものです。この国際会議は欧州議会初の試みであり、そこで提案された「平和の誓約書」には、37の政府・団体代表が署名する歴史的な場となりました。

　また2012年には、アジア・パシフィック・ブランド財団（Asia Pacific Brands Foundation）により特別功労賞を授与されています。これは世界中の人々の生活、社会に好影響を与えたとされる個人や主導的政治家に与えられる賞で、その他の受賞者としては、ネルソン・マンデラ氏やヒラリー・クリントン氏の名前があります。

さらに、ブラジルのUNIPAZ（国際平和大学）などが選定する「平和の大使」に4度任命を受けました。そして、2012年、UNIPAZの呼びかけによる「第3回世界平和祭」における「平和の火」点火式典に招待され、講演を行っています。この式典の様子は、ブラジルはもちろん、世界各国の連帯ネットワークを通じ100万人以上の人々に届けられ、多くの人が彼の話に耳をかたむけました。彼は「招待を受ければ、どこにでも赴き、話をする準備があります」と語っています。

インド・デリーのジャワハルラール・ネルー・スタジアムにて
13万人の聴衆の前で（2003年）

サンフランシスコで開催された国連創立60周年イベントにて講演（2005年）

ブリュッセルで開催された欧州議会にて講演（2011年）

子どもたちに食糧を
プレム・ラワット財団（TPRF）

　プレム・ラワットは、講演会などで語りかけるだけでなく、世界の人々の生活が向上するためのさまざまな取り組みを行っています。

　2001年には、プレム・ラワット財団（TPRF）を設立。世界中から寄付などの支援を受けて運営を開始しました。

　財団によるプロジェクト「フード・フォア・ピープル」（Food for People）では、世界でもっとも貧しい地域の人たちに対し、食糧や水を供給することで人々が貧困から抜け出すのを助けています。プレムが最初にこの取り組みを行ったのは、インドのバントリ村周辺を訪れたときでした。子どもたちは元気でしたが、どの子も皆痩せており、栄養不良だと気づいたのです。そこで、村の長老たちとも協力しあい「フード・フォア・ピープル」の施設を設立。ここでは、一日に一食、水やその土地に住む人々にとって馴染みの深い食糧が子どもたちに手渡されています。こうした取り組みでお腹を満たした子どもたちは、教育の面でも目覚ましい成長をみせ、2012年、支援を受けた子どもたちのなかから初めて大学進学者も誕生しました。

　この「フード・フォア・ピープル」の計画は、現在インド、ネパール、西アフリカで実施。地域の文化や宗教に干渉することなく、一人ひとりを尊重し、地元の意見を取り入れながら、地元や

南アフリカ共和国 ゾンデウォーター刑務所で、受刑者の質問に答える（2014年）

「フード・フォア・ピープル」の施設。西アフリカ（左）・ネパール（右）

国際的団体と共同で行われており、直接的・効率的な援助として成果を上げています。

　また、財団は世界各地の災害救助活動にも関わっています。これは、国際NGOであるアクションエイドやウォーターエイド、国際連合世界食糧計画などと協力して行われ、援助物資が被災地に効率的に届けられるように実施されています。

　そのほかにも、財団としての取り組みに「ピース・エデュケーション・プログラム」（Peace Education Program:PEP）があります。これは、心の平穏についてプレム・ラワットが話す動画を見たあと、参加者同士が感想や意見を交わす、映像プログラムです。現在、16カ国語に訳され、38カ国で活用されています。PEPは世界の110カ所以上の刑務所で採用され、大学をはじめとする教育機関や病院・ホスピス、老人ホームなどでも使われています。PEPを導入している刑務所では、受刑者たちの心の安定や、出所後の再犯率の減少傾向が、顕著に認められています。

4人の子どもの父であり、芸術家の一面も
素顔のプレム・ラワット

　世界中を飛びまわりながら、講演を行うプレム・ラワットですが、自宅ではゆったりとした時間をすごしています。絵画や音楽、写真、飛行機の操縦など、クリエイティブな趣味の時間をもつこ

とを、とても楽しみにしています。

　普段は夫であり、4人の子どもの父の顔を見せます。長女のワディは語ります。「父はとてもやさしく、陽気で、いつも家族のことを笑わせてくれます。幼いころは、自作の素晴らしいお話を、私たち兄弟に聞かせてくれました。ときには少し怖いお話もあり、ドキドキしましたが、いつも最後はハッピーエンドだったのを覚えています。また、仕事にも、家族にも、いつもベストを尽くす父の様子を見て育ちました。自ら選択し、常に何をすべきかクリアにしながら、一つひとつ持続的に努力する姿は、彼の考え方そのものです。父のそうした姿から多くのことを学んできましたし、これからも学んでいきたいと感じています」

孫との穏やかな時間を楽しむ

Contents

Prologue　　　　　　　穴のあいた桶

Yourself
- 03　痛みの原因
- 05　ヤシの実

Choice
- 08　2匹のアリ
- 11　2羽のオウム

Peace
- 16　カメ一家のピクニック

Life
- 24　この瞬間を生きる
- 28　王様とネズミ

Thankfulness
- 34　おじいさんのミルク

Seeds
- 37　弓の名人と油売り
- 38　砂漠の種
- 41　水の力

Relationship

About Prem Rawat

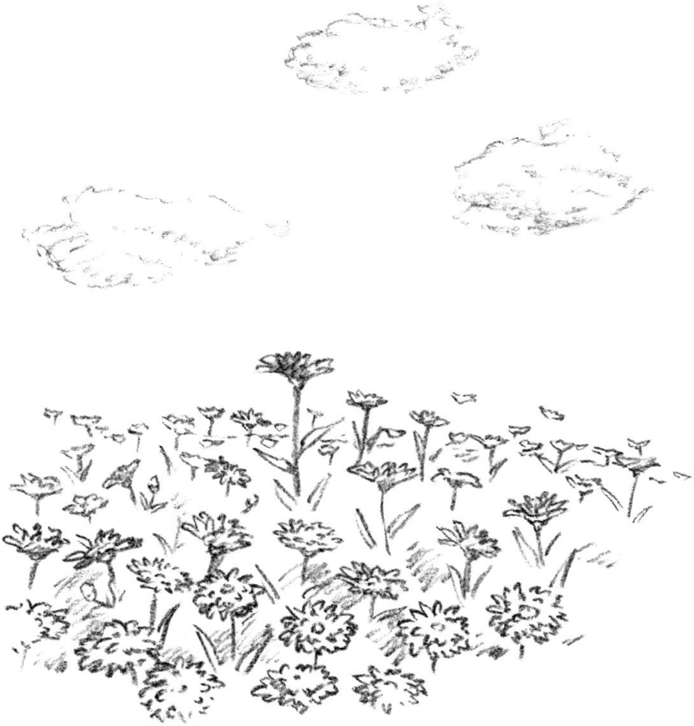

Pot with the Hole 穴のあいた桶
<small>ポット ウィズ ザ ホール あな おけ</small>

初版第1刷発行　2015(平成27)年9月16日

著　　　者　**Prem Rawat** プレム・ラワット

イ ラ ス ト　城井 文（SUPEE80）
翻　　　訳　Max Whittle　マックス・ウィトル
編集・発行　合同会社文屋　代表社員 木下 豊
　　　　　　〒381-0204 長野県上高井郡小布施町飯田45
　　　　　　TEL：026-242-6512　FAX：026-242-6513
　　　　　　http://www.e-denen.net　e-mail：bunya@e-denen.net
　　　　　　プレム・ラワット日本事務局
　　　　　　http://premrawat-japan.com
発　　　売　サンクチュアリ出版
　　　　　　〒151-0051 東京都渋谷区千駄ヶ谷2-38-1
　　　　　　TEL：03-5775-5192　FAX：03-5775-5193
　　　　　　http://www.sanctuarybooks.jp
文 章 構 成　小谷 実知世（doma）
デ ザ イ ン　新藤 岳史
制 作 協 力　横里 隆（株式会社上ノ空）
　　　　　　中村 智津子
　　　　　　服部 美穂（スパイラルサン）
　　　　　　津村 周吾（TONO MOVIES）
読者様担当　木下 朝子（文屋）
印　刷　所　共同印刷株式会社（福島県郡山市）
製　本　所　ダンクセキ株式会社（長野県長野市）

本書の英語版は、『Splitting the Arrow　Understanding the business of Life』
（文屋　初版第1刷　2015年12月1日発行　ISBN 978-4-907298-01-2）です。

Copyright ©2015 Prem Rawat Printed in Japan
定価は表紙カバー裏面に表示してあります。落丁、乱本はお手数ですが文屋にお送りください。
小社の送料負担にて、お取り替えいたします。